Ingrid Walter-Ammon

# Seidenmalerei Lampenschirme

FALKEN

# INHALT

**Die Vorlage für dieses abstrakte Wellenmuster finden Sie auf dem Vorlagebogen**

# VORWORT

**Diese Pendellampe wirkt durch ihre zarten Farben und die schwungvollen Linien**

Kreative Hobbys wie die Seidenmalerei sind eine gute Möglichkeit, in unserer hektischen Zeit zu entspannen. Beim Malen und Gestalten kommt man zur Ruhe und entdeckt oft ganz ungeahnte Fähigkeiten. Besonders viel Freude macht ein solches Hobby, wenn dabei nicht nur schöne, sondern auch nützliche Dinge — wie zum Beispiel Lampenschirme — entstehen.

Egal, ob Sie einen Schirm für einen schönen alten Fuß brauchen, einen bejahrten, zerschlissenen Schirm durch einen neuen ersetzen wollen oder sich eine Lampe, deren Schirm passend zur Einrichtung bemalt ist, wünschen: mit etwas Geduld und handwerklichem Geschick ist das alles kein besonderes Problem.

Seide eignet sich besonders gut zum Bespannen von Lampenschirmen, denn sie läßt sich nicht nur problemlos bemalen, sondern auch — nach dem Fixieren — auf Lampenkarton aufziehen oder gefältelt verarbeiten. Da es Seide zudem in einer Vielzahl von Webarten und in unterschiedlichen Qualitäten gibt, finden Sie sicher für jede Lampenform und -art das passende Material.

Für Ihre ersten Versuche finden Sie auf dem Vorlagebogen Motive zum Abpausen. Sie sind als Anregung gedacht und sollen Sie ermutigen, auch nach eigenen Entwürfen zu arbeiten oder Schnitte und Farbgebung nach Ihrem Geschmack abzuwandeln. Mit etwas Mut und Phantasie entstehen so ganz individuelle Lampenschirme, die Ihrem Heim eine besondere, persönliche Note geben werden.

Ein bißchen Geduld und handwerkliches Geschick sollten Sie allerdings mitbringen, denn das Fertigstellen eines Lampenschirms verlangt genaues und sorgfältiges Arbeiten. Aber Sie werden sehen: Das Ergebnis lohnt die Mühe auf jeden Fall.

# KLEINE MATERIALKUNDE

**Leuchtende Farben auf glänzender Seide**

Für Lampenschirme empfiehlt sich die Verwendung von starken Seiden, wie zum Beispiel Crêpe de Chine, denn diese Qualitäten verziehen sich bei der Verarbeitung nicht so leicht wie die dünneren Stoffe. Zum Bemalen der Seide brauchen Sie die übliche Ausstattung für Seidenmalerei. Dazu gehören neben Farben auch Konturmittel, Pinsel, Bleistift usw. (siehe Kasten). Ich verwende nur dampffixierbare Farben, da sie eine besonders hohe Leuchtkraft haben und zudem den Fall und die Geschmeidigkeit der Seide nicht beeinträchtigen. Das Dampffixieren ist inzwischen kein Problem mehr. Zum einen gibt es erschwingliche Fixiergeräte zu kaufen, und zum anderen bieten viele Fachgeschäfte einen Fixierservice an.
Steckholzrahmen zum Aufspannen der Arbeit müssen auch bei kleinen Lampen mindestens 1 m lang sein, bei größeren entsprechend länger. Bedenken Sie rechtzeitig, daß Ihr Arbeitsplatz ausreichend groß sein muß.
Zum Bemalen der Seide brauchen Sie:

* dicht gewebte Seiden ohne Appretur
* dampffixierbare Seidenmalfarben
* einen ausreichend großen Holzrahmen zum Aufspannen der Seide mit Hilfe der Dreizackstifte
* selbstklebendes Kreppband
* gute Pinsel in 3 verschiedenen Größen
* benzinlösliches Konturenmittel, Spitzflasche und Feuerzeugbenzin zum Verdünnen
* Effektsalz
* 90%iger Alkohol zum Verdünnen der Farben
* Pauspapier zum Abpausen der Vorlagen
* weiche Bleistifte zum Übertragen der Vorlage auf die Seide

Sonstige Materialien — wie zum Beispiel verschiedene Gefäße zum Mischen und Verdünnen der Farben — finden sich sicher im Haushalt.
Zum Herstellen von Lampenschirmen brauchen sie, neben der schon erwähnten Grundausstattung für die Seidenmalerei, noch ein paar besondere Dinge:

* Lampenschirmkarton in der entsprechenden Größe als Untergrund für die bemalte Seide
* 2 Lampenschirmringe, davon einer mit einer Halterung oder 1 Lampenschirmgestell mit möglichst wenig Verstrebungen (gibt es im Fachgeschäft)
* Lampenfuß, in Stil und Größe zum Schirm passend
* Lampenkabel, Birnenfassung und Schalter
* doppelseitiges Klebeband
* 2 cm breite Mullbinden
* Bleistift, Schere, Lineal, Zentimetermaß, selbstklebendes Kreppband, Nähzeug

Der genaue Materialbedarf richtet sich nach der Art der Lampe, die Sie gestalten wollen. Sehen Sie sich also am besten erst an, welche Lampe sie arbeiten wollen, und kaufen Sie anschließend gezielt ein.

**Die Ausgangsmaterialien zur Herstellung von Lampenschirmen gibt es in Fachgeschäften in großer Auswahl zu kaufen**

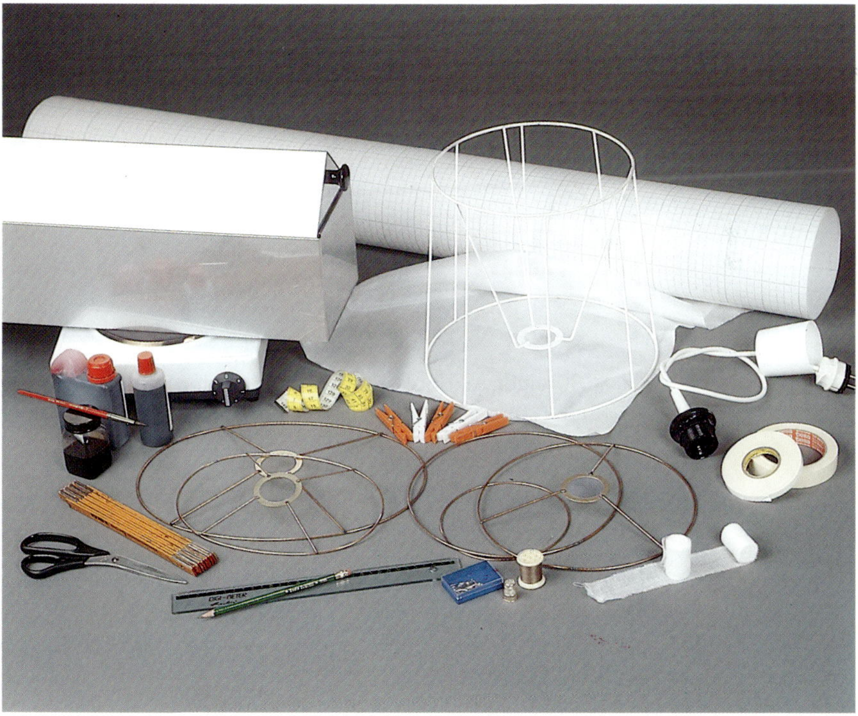

# FARBEN UND FORMEN

## SELBSTGESTALTETE LAMPENSCHIRME SETZEN AKZENTE

Wenn Sie planen, einen Lampenschirm zu bemalen, gibt es eine Reihe von Punkten, die Sie beachten sollten. Zunächst müssen Sie überlegen, wo das selbstbemalte Schmuckstück später stehen oder hängen soll, denn die Lampe soll ja in Stil und Farbgebung zur gesamten Einrichtung passen. Die Auswahl der Farben der Bemalung ist bei Lampen besonders wichtig. Meist bevorzugen wir ein warmes Licht, und deshalb empfiehlt es sich, vorzugsweise mit warmen Farben zu arbeiten. Alle Gelb-, Braun- und Rottöne sind also für Lampenschirme besonders gut geeignet. Blau- und Grüntöne wirken dagegen eher kalt, setzen aber, sparsam verwendet, hübsche Akzente.

Ich verwende nur dampffixierbare Farben, da sie unter anderem eine hohe Leuchtkraft haben und deshalb gerade auf Lampen gut zur Geltung kommen. Alle im Handel befindlichen dampffixierbaren Farben sind untereinander mischbar, so daß sich jeder mit etwas Übung und dem Mut zum Experimentieren seine ganz persönlichen Lieblingsfarben zusammenstellen kann. Die angemischten Farben sollten allerdings nicht zu lange aufbewahrt werden, da sie sich im Laufe der Zeit verändern oder gar unbrauchbar werden können.

Beim Entwurf eines Motives für einen Lampenschirm gibt es ebenfalls ein paar Besonderheiten, auf die sie achten sollten. In der Regel plant man das Motiv so, daß das obere Drittel des Schirms mit hellen, zurückhaltenden Farben gestaltet wird, das Muster und die kräftigeren Farben in den unteren zwei Dritteln erscheinen. Speziell bei Hängelampen ist diese Aufteilung sinnvoll, da hier meist nur der untere Teil der Bemalung gut zu sehen ist. Die Wahl des Motives wird natürlich auch von der Form und der Art des Lampenschirms beeinflußt. Gegenständliche Motive eignen sich zum Beispiel schlecht für gefältete Lampenschirme, da die Bemalung aufgrund der Falten später kaum zu sehen sein wird. Aber natürlich sind das alles nur Empfehlungen und Tips — wie Sie Ihren Lampenschirm gestalten, bleibt letztendlich Ihnen und Ihrer Phantasie überlassen.

Ein weiterer, wichtiger Punkt bei Stehlampen ist die Wahl des Fußes, der ja in Stil, Aussehen und Farbgebung zum Schirm passen soll. Als Faustregel hat sich hier bewährt, daß der Fuß im Durchmesser mindestens 5 cm enger als der untere Schirmring sein soll. Bei einem langen, konischen Schirm

**Ein besonders schöner Farbverlauf in warmen Tönen**

empfiehlt sich ein flacher, breiter Fuß mit einem längeren dünnen ,,Hals'', wohingegen zu einem kleinen konischen Schirm ein bauchiger Fuß besser paßt, da die Lichtquelle nah genug ist, um auch den Fuß zur Geltung zu bringen. Bei Schirmen, die in zarten, hellen Farben bemalt sind, wirkt ein heller Fuß meist am besten, wohingegen ein dunkler Fuß besser zu Schirmen, die mit kräftigen, ausdrucksstarken Farben bemalt sind, paßt.
Lampenfüße gibt es in Bastel- und Fachgeschäften fertig zu kaufen. Wer dort nichts Geeignetes findet, kann sich seinen Lampenfuß auch selbst herstellen. Als Ausgangsmaterial eignen sich hier Vasen und Flaschen besonders gut. Allerdings sollten sie in diesem Fall ein bißchen was von Elektrik verstehen oder einen Fachmann um Rat fragen, denn ein Stromanschluß ist ja nötig, wenn die Lampe leuchten soll. Dann gibt es noch die Möglichkeit, einen Töpfer mit der Herstellung eines Lampenfußes, der dann in Form- und Farbgebung genau auf den Schirm abgestimmt werden kann, zu beauftragen. Die meisten Töpfer haben schon Erfahrung mit der Herstellung von Lampenfüßen und werden Sie sicher gern beraten. Und natürlich kann man auch versuchen, beim Trödler einen alten Lampenfuß zu bekommen, um dann einen dafür passenden Schirm zu entwerfen. Die Suche nach einem schönen Lampenfuß kann also genausoviel Spaß machen wie das Bemalen und Herstellen des Schirms.
Aber auch hier gilt — wie schon beim Bemalen gesagt —, daß es keine allgemeingültigen Regeln gibt, wie ein Lampenfuß aussehen muß, damit er zum Schirm paßt, denn letztendlich entscheidend ist der persönliche Geschmack und der harmonische Gesamteindruck.

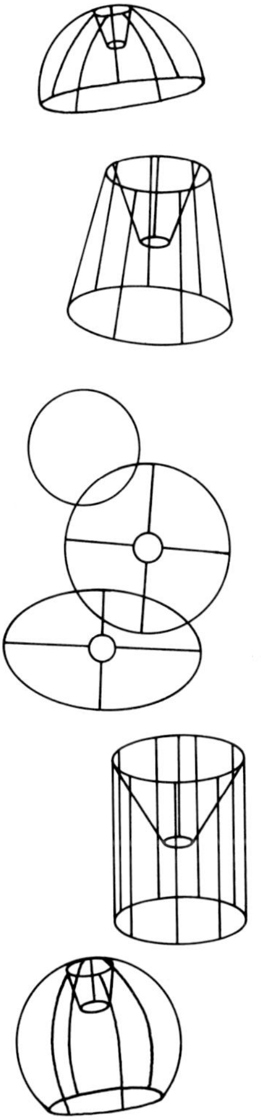

**Eine Auswahl der im Handel erhältlichen Lampenschirmgestelle**

# GLATTE LAMPENSCHIRME

## BLUMEN IN GUTTA-TECHNIK

**Achten sie bei der Anordnung der Motive darauf, daß sie an der Seitennaht auch zusammenpassen**

An dieser hübschen Tischlampe soll nun exemplarisch gezeigt werden, wie ein Lampenschirm bemalt und fertiggestellt wird. Die Lampenringe gibt es zusammen mit dem dazu passenden Schnitt im Fachhandel zu kaufen. Der abgebildete Schirm ist 20 cm hoch, der obere Ring hat einen Durchmesser von 15, der untere von 30 cm. Der Fuß ist aus einer Vase entstanden.

Um die ab Seite 9 vorgestellte Lampe nachzuarbeiten, brauchen Sie 90 x 50 cm Pongé-Seide (Stärke 8—10), einen 100 x 50 cm großen Rahmen und 2 Lampenringe (Durchmesser 20 und 30 cm). Das Schnittmuster und die Abpausvorlagen für das Motiv finden Sie auf dem Vorlagebogen.

Das Motiv ist aus Platzgründen nur einmal abgebildet, Sie müssen es deshalb 4mal abpausen. Analog dazu müssen Sie die anderen Vorlagen behandeln.

1. Das Seidenstück wird fadengerade über die Vorlage geklebt und Muster und Schnitt abgepaust. Dabei ringsrum etwa 3 cm Stoff zugeben

2. Zum Bemalen die Seide auf den Rahmen spannen und die Motive mit farbloser Gutta nachzeichnen. Dann den Hintergrund bemalen. Zum Schluß dann die Motive ausarbeiten

3. Nachdem alles gut getrocknet ist, werden die Schattenformen (in der Abpausvorlage schraffiert) mit Guttalinien nachgezogen und ausgemalt (verdeckte Guttatechnik)

# WIE EIN LAMPENSCHIRM ENTSTEHT

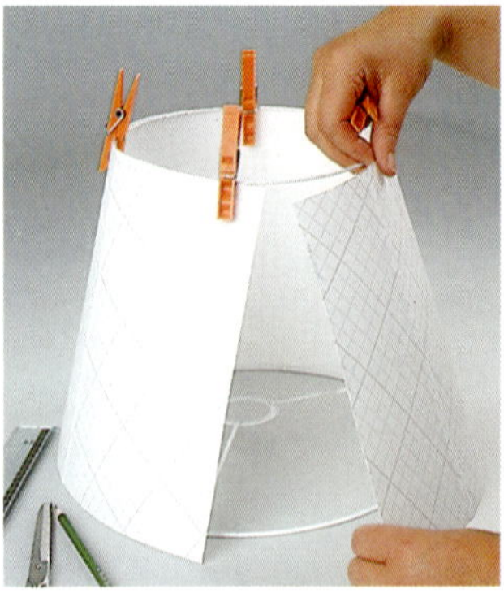

Abbildung 1

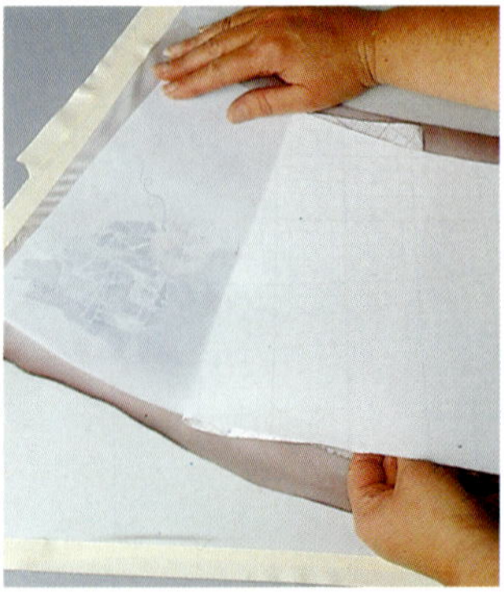

Abbildung 2

Abbildung 3

Abbildung 4

Abbildung 5

Abbildung 6

Wenn die Seide fertig bemalt und fixiert ist, können Sie mit der Herstellung des Schirms beginnen. Dazu brauchen Sie neben den Lampenringen auch Lampenschirmkarton (Fachgeschäft) und doppelseitiges Klebeband. Als erstes übertragen Sie den Schnitt des Schirms so genau wie möglich auf den Karton und schneiden die Form aus. Nun überprüfen Sie, ob der Schnitt auch stimmt **(Abb. 1)**. Zum Schließen der Seitennaht brauchen sie etwa 1 cm Überlappung.

Als nächstes wird die bemalte Seide möglichst fadengerade auf dem Tisch festgeklebt (rechte Seite nach unten). Überprüfen Sie noch einmal, ob der Schnitt auch auf die Bemalung paßt, das heißt die Seide nicht verzogen ist, und spannen Sie gegebenenfalls nach. Nun ziehen Sie die Schutzfolie des Lampenschirmkartons etwa 15 cm weit ab und drücken die Klebefläche auf die Seide **(Abb. 2)**. Wenn das erste Stück faltenfrei klebt, ziehen Sie die Schutzfolie Stück für Stück weiter ab und drücken die Klebefläche an.

Jetzt wird doppelseitiges Klebeband genau entlang des oberen, unteren und rechten Randes des Kartons auf die Seide geklebt **(Abb. 3)**. Nun können Sie die Seide vom Tisch lösen und die überstehenden Teile bis zu den Kanten der Klebestreifen abschneiden. (Am linken Rand wird die Seite genau entlang des Kartons abgeschnitten.)

Als nächstes versäubern Sie den rechten Rand, indem sie die Schutzfolie des Klebebandes abziehen und den Streifen umlegen. Um die Seitennaht später schließen zu können, kleben Sie noch einmal einen Streifen doppelseitiges Klebeband auf die umgelegte Seitennaht. Ziehen Sie nun die Schutzfolie des unteren Klebebandes ab und drücken Sie den unteren Ring genau an die Unterkante des Kartons entlang an **(Abb. 4)**. Anschließend wird der überstehende Seidenstreifen über den Ring gezogen und dort möglichst faltenfrei festgeklebt **(Abb. 5)**. Der obere Ring wird in der gleichen Art und Weise eingesetzt **(Abb. 6)** und umklebt.

Nun bleibt nur noch das Schließen der Seitennaht. Dazu müssen Sie die Schutzfolie des Klebebandes abziehen und die Enden zusammenkleben. Achten Sie dabei darauf, daß der Schirm straff gespannt bleibt und keine Wellen schlägt.

**Das brauchen Sie:**
**Lampenschirmkarton (50 x 90 cm), 2 Lampenringe (20 und 30 cm Durchmesser), 1–2 cm breites, doppelseitiges Klebeband, Schere, Bleistift, Pauspapier, Wäscheklammern**

**Das fertig bemalte Seidenstück auf dem Rahmen**

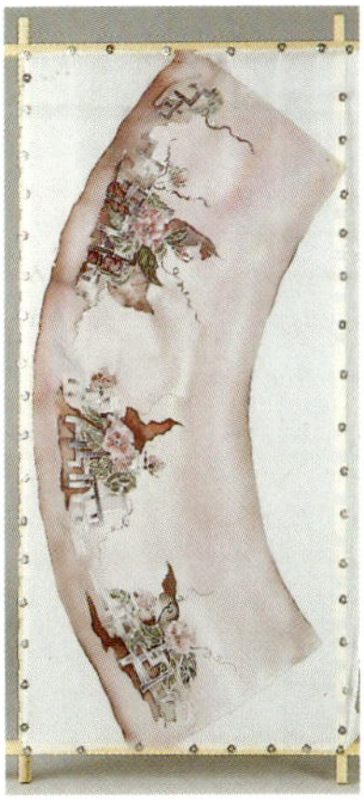

# SALZ- UND ALKOHOL-EFFEKTE

Gegenständliche Darstellungen oder Muster passen nicht auf jeden Lampenschirm oder zu jeder Einrichtung. Aber gerade Lampen lassen sich auch sehr effektvoll nur mit Farbverläufen oder in der Salz- und/oder Alkoholtechnik gestalten.

Auch bei dieser Art der Gestaltung gelten die gleichen Regeln, wie sie für die Bemalung von Lampenschirmen schon auf Seite 6 vorgestellt wurden: Zarte, abgeschwächte Farben erscheinen im oberen Drittel des Schirms, kräftige, volle Töne in den unteren beiden Dritteln.

Für Salzeffekte braucht man mehr oder weniger grobkörniges Salz, das auf die noch nassen Farben gelegt wird. Dabei kann man die Salzkörner in einer Linie oder als Wolke anordnen oder sonst eine Form wählen. Wichtig ist nur, daß Sie bedenken, daß die Effekte sich auf kräftigen, dunklen Tönen am besten zeigen und daß die Seide zwar noch naß, aber nicht zu naß sein sollte. Dann brauchen Sie nur noch etwas Geduld und können beobachten, wie die Farbe sich in der Umgebung der Salzkörner verändert und welche bizarren Muster ganz von selbst entstehen. Erst wenn alles gut getrocknet ist, werden die Salzkörner vorsichtig abgebürstet.

Auch mit Alkohol lassen sich auf kleineren Flächen schöne Muster erzielen. Dazu läßt man die Bemalung zunächst vollständig trocknen und arbeitet dann mit in Alkohol getränkten Wattestäbchen. An den Stellen, wo der Alkohol hinkommt, werden die Farben aufgehellt. Am besten reagiert Alkohol in Blautönen oder Farben, die aus vielen anderen zusammengemischt wurden.

Außerdem können auch zusätzlich aufgetragene Farben mit Alkohol (90%iger aus der Apotheke) betupft und in kleine Wolken verwandelt werden. Zarte Striche mit dem alkoholgetränkten Wattestäbchen lassen Wasser und Himmel durchsichtig und damit realistischer erscheinen.

**Lampen lassen sich auch allein mit Farbverläufen schön gestalten**

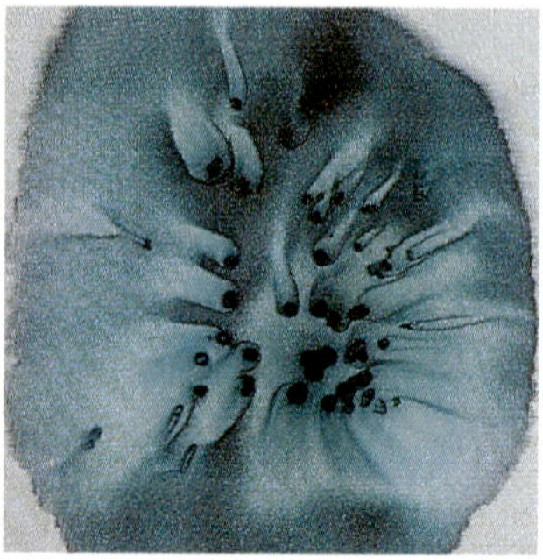

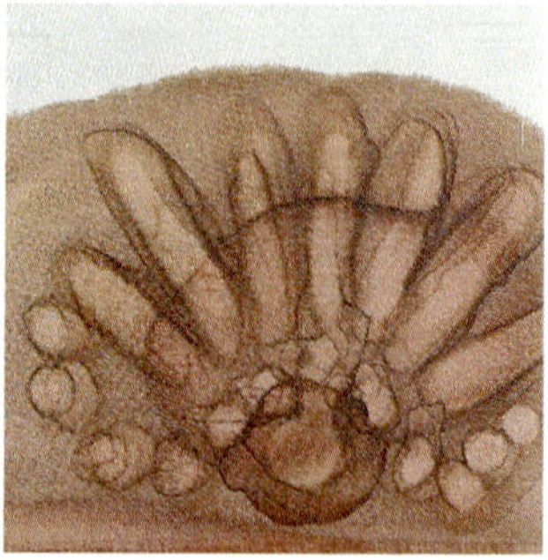

**Salzeffekte (links), Alkoholeffekte (rechts)**

Hängelampe in verschiedenen Brauntönen mit Salzeffekten modelliert (Höhe 58 cm, Durchmesser 35 cm)

Ovale Stehlampe in Blau- und Brauntönen. Die blauen Flächen wurden mit Salzeffekten strukturiert (Höhe 28 cm, Durchmesser der ovalen Ringe 24 und 35 cm)

# LAND-
# SCHAFTEN
# AUF
# LAMPEN-
# SCHIRMEN
# LADEN EIN
# ZUM
# TRÄUMEN

**Landschaften kommen am besten auf einem geraden Lampenschirm zur Geltung, denn hier gibt es keine Verzerrungen. Die hier gezeigte Tischlampe ist 38 cm hoch und hat einen Durchmesser von 40 cm. Gemalt habe ich auf Toile-Seide in Aquarelltechnik**

1. Der erste Schritt bei Aquarellarbeiten ist immer das Grundieren und Anlegen des Hintergrundes, hier eine Berglandschaft in Brauntönen

2. Nach dem Trocknen werden die Konturen des Panoramas verstärkt und der Vordergrund mit kräftigen Farben betont. Lassen Sie Ihre Phantasie und den Farbverläufen Spielraum

3. Zum Schluß werden mit fast trockner oder verdickter Farbe und einem dünnen Pinsel Bäume, Sträucher, Vögel oder sonstige Akzente gesetzt. Fertiggestellt wird die Lampe wie auf Seite 10 beschrieben

# LUFTIGE BALLONLAMPE

**Der Ballon ist 38 cm hoch und hat an seiner dicksten Stelle einen Umfang von 116 cm**

Ballonlampen sind ganz einfach herzustellen und erfordern keine besonderen handwerklichen Fähigkeiten. Gestelle für diese Art von Lampen finden sie im Bastelgeschäft. Den Schnitt stellen Sie folgendermaßen her:

**1.** Messen Sie mit dem Zentimetermaß die genaue Höhe der Streben an, das heißt, die Krümmung wird mitgemessen.

**2.** Dieses Maß plus etwa 6 cm Zugabe für Nähte und Verschluß der unteren Öffnung ist die Höhe Ihres Schnitts.

**3.** Die Länge ergibt sich aus dem Umfang der Kugel an ihrer dicksten Stelle plus 1 cm Nahtzugabe. Für die Bespannung einer Ballonlampe eignet sich Crêpe de Chine am besten, da diese Seide sehr geschmeidig ist und sich problemlos über das Gestell ziehen läßt. Da bei dieser Art von Lampen das Gerippe der Querstangen ziemlich deutlich zu sehen ist, ist es besser, eine großflächige Bemalung zu wählen, da Details optisch leicht verschwinden. Achten sie zudem auch darauf, daß die Muster an der Seitennaht auch zusammenpassen, da sonst diese Stelle unschön betont wird.

**1. Ein Detail der fertig bemalten Lampe**

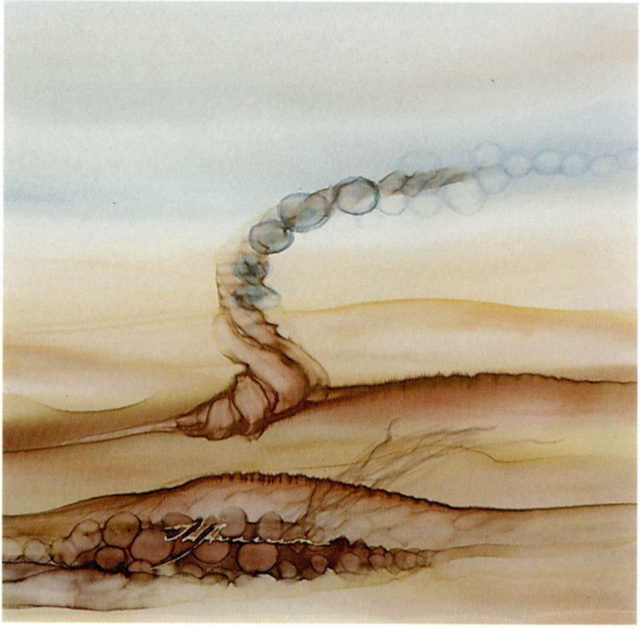

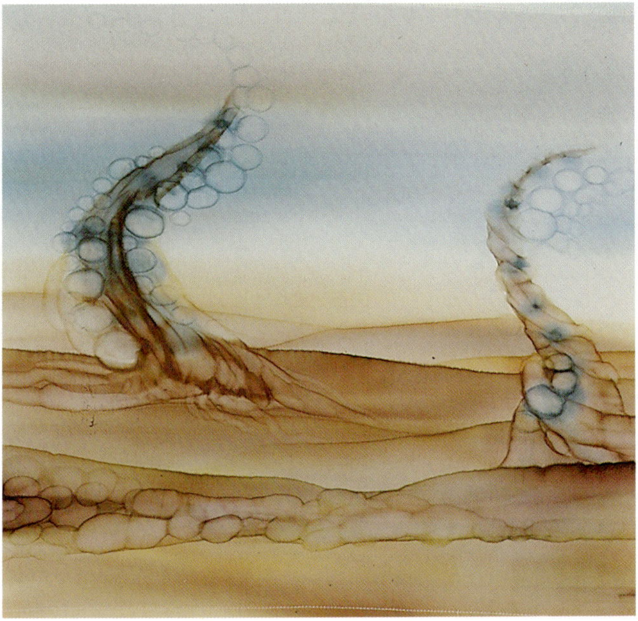

2. Die schwungvollen Wellen wurden mit dem Fön in Form gebracht

3. Fertiggestellt wird der Ballon, indem man die Seitennaht schließt und oben und unten einen 1 cm breiten Saum näht, durch den dann 2 Baumwollfäden gezogen werden. Geschlossen wird durch Zusammenziehen der Fäden

# AUS ALT MACH NEU

## GEFÄLTELTER LAMPENSCHIRM

**Zu schade zum Wegwerfen war der schöne Messinglampenfuß, und so erhielt der alte Schirm eine neue, farbenprächtige Bespannung**

Der Schirm dieser Stehlampe war vergilbt und verschlissen, aber der schöne, alte Messingfuß mit Alabaster zu schade, um ihn wegzuwerfen. Da bot es sich an, den Schirm neu zu bespannen. Ich habe also das Gestell sorgfältig von allen Stoffresten befreit, gereinigt und die Streben mit Mull umwickelt. (Den genauen Arbeitsablauf können Sie auf der nebenstehenden Seite, wo ich ein vergleichbares Gestell bespanne, sehen.) Um den Schnitt zu erstellen, habe ich den Umfang des unteren Rings ausgemessen, 5 cm zugegeben und erhielt so das Maß für die Länge; die Höhe wird von der Höhe des Schirms plus wieder 5 cm Nahtzugabe bestimmt. Nach diesen Maßen schneiden Sie die Seide (Pongé der Stärke 8—10) und den Futterstoff (zum Beispiel weißen Taft) zu. Das ergibt bei einer solchen Stehlampe ein recht großes Stück Seide, das wie ein breiter Schal aussieht. Wenn dieses Stück zu groß für Ihren Rahmen ist, können Sie sich entweder 2 längere Stangen kaufen oder eine senkrechte Guttalinie in ihr Muster einplanen und die Seide portionsweise aufspannen und bemalen.

Bei der hier abgebildeten Lampe habe ich zunächst den gesamten Stoff zart grundiert und erst dann die Guttalinien eingezeichnet. Da die Lampe für einen ganz in Blautönen gehaltenen Raum bestimmt war, habe ich ein abstraktes Muster in diesen Farben entworfen. Sparsam eingesetzte Gelb- und Orangetöne bringen Licht und Leichtigkeit in das Motiv. Natürlich können Sie die Vorlage auch in anderen Tönen ausmalen, das hängt ganz von Ihrem Geschmack und dem Standort der Lampe ab. Das Muster des Schirms finden Sie als Abpausvorlage auf dem Vorlagebogen. Aus Platzgründen ist es allerdings nur einmal abgebildet, so daß Sie sich die Vorlage für den gesamten Lampenschirm durch Aneinanderreihung der Einzelmotive selbst zusammenstellen müssen. Natürlich können Sie die Vorlage auch als Anregung auffassen und nach diesem Vorbild eine eigene variierte Bemalung entwerfen.

1. Auf die in Blau- und Gelbtönen grundierte, trockene Seide werden die Guttalinien gesetzt und das Motiv ausgemalt (links)

2. Das Gestell wird oben und unten mit Mullbinden umwickelt (rechts)

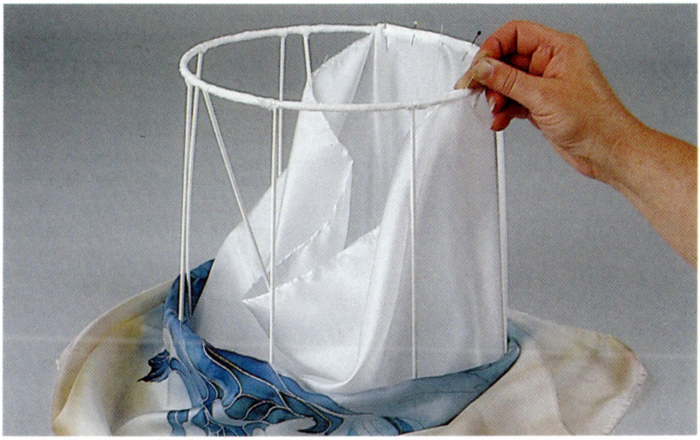

3. Futterstoff und Bespannung werden rechts auf rechts gelegt und unten zusammengenäht. Nun wird der Futterstoff im Inneren des Gestells gerade hochgeführt und oben in Falten gelegt und festgesteckt

4. Die bemalte Seide außen am Gestell hochführen, oben in gleichmäßige Falten legen und feststecken. Zum Schluß werden Bespannung und Futter mit kleinen Stichen am Ring festgenäht

# BLÜTENTRÄUME

## EINE GANZ BESONDERE LAMPE AUS BLÜTEN-BLÄTTERN

Dieser Lampenschirm erfordert schon etwas Erfahrung im Nähen und viel Geduld. Die Lampe besteht aus 7 einzelnen Blütenblättern, die auf einem halbrunden Gestell, das wie bei der Ballonlampe von Seite 16 beschrieben bezogen wird, angebracht werden. Da bei diesem Schirm recht viele Näharbeiten nötig sind, empfiehlt es sich, eine dicht gewebte Seide für Blätter und Futterstoff zu wählen, da sie sich beim Nähen nicht so leicht verzieht. Den Schnitt für ein Blütenblatt finden Sie auf dem Vorlagebogen. Zum Schließen des Blütenblätterrings benutzen Sie am besten einen Klettverschluß, so daß Sie den Schirm jederzeit abnehmen und waschen können. Die Bemalung bleibt ganz Ihnen überlassen. Besonders hübsch sieht es aus, wenn die Blätter im untern Drittel farbige Akzente haben, wie ich das mit zarten Guttalinien und kräftigen Farbtupfern gemacht habe.

1. Das brauchen Sie: dichtgewebte Seide (2mal 130 x 90 cm) für Blüten und Futter. Seidenmalutensilien, halbrundes Lampengestell, Pongé-Seide zum Beziehen des Gestells, Klettverschluß, Nähzeug. Blütenblätter und Futter ausschneiden. Abnäher anbringen; Blütenblatt und Futter rechts auf rechts aufeinandernähen und anschließend die Arbeit verstürzen

2. Gefütterte Blütenblätter bügeln. Das Gestell mit Pongé-Seide bespannen und die Blätter auf dem Gestell arrangieren und feststecken. Aneinandergereiht wird der an einer Stelle offene Blütenkranz abgenommen, mit der Maschine zusammengesteppt und oben versäubert. Geschlossen wird er mit dem Klettverschluß

# KLEINE LAMPENGALERIE

**Diese Hängelampe mit ihren zarten Farben- und Blütenranken erinnert an Fernost. Die Lampe besteht aus einem 76 cm langem Schlauch und wird von 4 Ringen (Durchmesser 35 cm), die jeweils mit ein paar Stichen fixiert werden, in Form gehalten**

Diese hübsche Ballonlampe eignet sich wegen ihrer verspielten Bemalung besonders für ein Kinder- oder Jungmädchenzimmer. Hergestellt wird sie auf die gleiche Art wie die auf Seite 16 ausführlich beschriebene Ballonlampe

Diese Lampe wirkt durch das schwungvolle Blütenornament. Der obere Ring hat einen Durchmesser von 10 cm, der untere einen von 45 cm, die Höhe der Lampe beträgt 24 cm. Den passenden Schnitt finden Sie auf dem Vorlagebogen

Auch mit abstrakten Mustern, die beliebig über den Lampenschirm verteilt werden können, lassen sich schöne Effekte erzielen, wie dieses Modell zeigt. Der Schirm hat dieselbe Form wie bei der Silberdistellampe beschrieben

Die Bemalung dieses Schirms mit Blüten und Ranken ist dem Jugendstil nachempfunden. Orange-, Rot- und Braunabstufungen leuchten in warmen Tönen, während die grünlichen Ranken wie ein Smaragdband schillern. Die Vorlage für eine solche Blüte finden Sie auf dem beigefügten Vorlagebogen

Hier wurde ein schöner, alter Fuß neu ,,behütet''. Die Kuppelform entsteht durch einen Kreis mit dem Umfang der Kuppel, der durch 4 Abnäher in die entsprechende Form gebracht wird. Der gemusterte Rand (siehe Vorlagebogen) wird nach dem Bemalen abgefüttert und sorgfältig angenäht

Hügel, Sonne und Wasser bestimmen die Stimmung dieser Landschaft in Aquarelltechnik. Gemalt habe ich auf einem 45 x 130 cm großen Stück Pongé-Seide. Der fertige Schirm ist 38 cm hoch und hat einen Durchmesser von 40 cm

Dieser Lampenschirm ist 28 cm hoch und auf ovale Ringe (Durchmesser 24/35 cm) gespannt. Trotz der blauen Blüten (siehe Vorlagebogen) wirkt das Licht nicht kalt, sondern zart und duftig

Dieser Lampenschirm ist nur 22 cm hoch und hat einen Durchmesser von 20 cm. Durch seine auffällige Bemalung ist er trotzdem nicht zu übersehen. Das Muster wurde mit Guttalinien vorgezeichnet und anschließend mit Rot-, Grau- und Gelbtönen koloriert

Das Spiel der Farben und ihr Verlauf machen den Reiz dieses Lampenschirmes aus. Ganz von selbst sind so organische Formen, die an Wurzeln, Nester und Schlingpflanzen erinnern, entstanden. Die dominierende Farbe ist Rot, das mit Goldbraun und Grau gemischt wurde. Der Schirm ist 40 cm hoch, der obere Ring hat einen Durchmesser von 30 cm, der untere einen von 40 cm

In der FALKEN Reihe „Schönes Hobby" sind unter anderem auch folgende Titel erschienen:
„Seidenmalerei Kissen" (Nr. 5151)
„Seidenmalerei Tücher und Schals" (Nr. 5152)
„Seidenmalerei Landschaften" (Nr. 5153)
„Masken" (Nr. 5155)
„Drachen" (Nr. 5156)
„Papierflieger" (Nr. 5157)
„Fensterbilder" (Nr. 5158)
„Teddybären" (Nr. 5159)
„Tiffany-Gürtelschnallen" (Nr. 5160)
„Basteleien für Weihnachten" (Nr. 5162)
„Meine Weihnachtsbackstube" (Nr. 5163)



CIP-Titelaufnahme der Deutschen Bibliothek

**Walter-Ammon, Ingrid:**
Seidenmalerei — Lampenschirme/Ingrid Walter-Ammon. —
Niedernhausen/Ts.: Falken-Verl., 1988
(Schönes Hobby)
ISBN 3-8068-5154-9

ISBN 3 8068 5154 9


Titelbild: Photostudio J. & G. Klintzsch ABCV, Kassel
Fotos: Photostudio J. & G. Klintzsch ABCV, Kassel
Zeichnungen und Vorlagebogen: Ulrike Hoffmann, Bodenheim
Layout: Design Christiane Rauert, Dortmund

Satz: Dinges + Frick, Wiesbaden
Druck: U.E. Sebald GmbH, Nürnberg

817 2635 4453 62